Hypnose Fusion :
Ses premiers pas comme praticien

Un essai pour devenir un Hypnotiste Tout Terrain

Christophe Pank

Table des matières

Du même Auteur Chez HnO Edition

1/ *Initiation à l'Hypnose Classique Curative (Oct-2012)*
2/ *Méthode d'Auto Hypnose (Nov-2012)*
3/ *Hypnose et Régressions (Janv-2013)*
4/ *Initiation à l'Hypnose Urbaine (Dec-2012)*
5/*L'ésotérisme décrypté par l'Hypnose (Avr-2013)*
6/ *Hypnose avec les Enfants (Mai-2013)*
7/ *Mieux éduquer ses enfants grâce aux outils de l'Hypnose (Juin-2013)*
8/ *CrossTherapy (Oct-2013)*
9/ *Mes Premiers pas sur la loi d'attraction (2013)*
10/ *Hypnose H-Ultra Ou Hypnose Profonde (Nov-2013)*
11/ *Laboratoire Hypnose Volume 1 (Oct-2013)*
12/ *CT Energetics : Magnétisme et Transes (Janv-2014)*
13/ *Chercheur sur la Loi d'Attraction (Janv-2014)*
14/ *Hypnose et Hypnosophie (Avr-2014)*
15/ *Apprendre le système TPA (Mai-2014)*
16/ *Hypnose et Posture du Praticien (Juil-2014)*
17/ *Hypnose et la Pre-test Therapie (Oct-2014)*
18/ *Base de PNL Interpersonnelle (Nov-2014)*
19/ *Base de la PnL Coaching (Fev-2015)*
20/ *Périple d'un Praticien d'Hypnose contre le Cancer (Fev-2015)*
21/ *Manuel de Formation à l'Auto Amour (Avr-2015)*
22/ *Hypnose et Douleur (Juil-2015)*
23/ *Cette Hypnose Ascendante nommée Hyperempiria (Sept-2015)*
24/ *Hypnose Elmanienne (Nov-2015)*
25/ *Questiosophie (Fev-2016)*
26/ *Crépuscule de l'Hypnose (Avril-2016)*
27/ *Pouvoir Limité (Mai-2016)*
28/ *Hypnose Spirituelle (Août-2016)*

29/ *Hypnose Invisible (Oct-2016)*
30/ *Hypnose et Anneau gastrique hypnotique (Janv-2017)*
31/ *Hypnose : Ses premiers pas comme praticien (Avr- 2017)*

Introduction

Pour de nombreux praticiens néophytes, il y a **une quête** que nous pouvons de plus en plus observer sur les forums, celle de **scripts**. Cette recherche est particulièrement active et certains vont mêmes jusqu'à écouter des mp3 pour les retaper complètement afin d'en faire **un modèle de base**.

Cette pratique va à l'encontre de ma façon de percevoir l'hypnose. Je reviendrai sur les raisons qui font que je n'y adhère pas, seulement, que je le veuille ou pas, ne changera rien à la démarche actuelle.

Quitte à utiliser des scripts, autant que les différents professionnels de l'hypnose puissent **en devenir les initiateurs et les créateurs**. Dans cet essai, je souhaiterais accompagner les hypnotiseurs à devenir de plus en plus **acteurs de leur système**. Qu'ils puissent compléter leur apprentissage.

Beaucoup peuvent me rétorquer qu'ils ne savent pas quoi faire dans telle ou telle problématique du patient ou qu'ils n'ont pas d'imagination pour créer des images et métaphores hypnotiques. Il est vrai que certains enseignements **peuvent avoir fait perdre confiance aux futurs forces vives** de cette discipline, en leur seedant pendant des semaines que faire des métaphores *c'est compliqué, que les mots sont importants.*

Plus encore, **qu'il ne faut pas faire d'erreur**, sinon tout ce qui a été fait peut se volatiliser. En somme que c'est difficile et qu'il est plus sécurisant de prendre des références pour éviter les erreurs.

La transe n'étant pas un absolu, il y a peu de chances que vous sabotiez une session sur quelques erreurs sémantiques. **Pour avancer il est nécessaire d'oser.** Et il est donc important de sortir de sa zone de confort. Pour ceux qui pensent que ce n'est pas aux partenaires de subir les erreurs des praticiens, je leurs réponds *qu'il faut arrêter de se prendre pour un être surpuissant qui peut changer la vie d'un être en moins d'une heure.*

Si le partenaire prend un élément qui éveille justement un pathos, c'est un excellent levier pour aller **vers du plus précis** et cela ouvrira de nouvelles portes à **explorer avec lui sur les sessions suivantes.**

Cet ouvrage va être un guide de base pour comprendre comment **vous pouvez faire vos propres scripts en les improvisant le plus possible.** Un moyen pour vous de comprendre que vous pouvez vous faire confiance et quand vous séchez, il suffit souvent de faire simple.

Nous avons pris **le goût de la complexité** en travaillant avec les tendances d'hypnose indirecte. Cela stimulant notre travail et notre finesse d'esprit mais également notre égo.

Trop nombreux sont les praticiens qui *construisent des suggestions complexes et imbriquées de différentes façons pour se faire plaisir, plus que pour l'intérêt thérapeutique.*

Je ne dis pas que nous ne pouvons pas faire l'un sans l'autre, néanmoins beaucoup d'images et de stratégies, pour contourner les résistances, se rapprochent plus **d'une modélisation maladroite d'un Erickson, que d'un objectif réellement curatif.**

Devenez des scripteurs adaptés à vos partenaires, avec ce qui vous compose et surtout ce qui fera écho à vos partenaires.

1/ Pourquoi les scripts vous sont peu utiles ?

Les scripts sont des **sessions prédéfinies** par différents auteurs en fonction des problématiques qu'ils ont pu avoir au cabinet. *C'est un report de ce qu'ils ont mis en place afin de soutenir la démarche de leurs partenaires.* Ces scripts peuvent devenir **des protocoles,** c'est-à-dire des *processus complets à appliquer* point par point pour avoir un résultat 'pertinent'.

Entre le script et le protocole, *je préfère le protocole qui donne des directions possibles dans la démarche qui est proposée aux partenaires.* Seulement l'un comme l'autre partent d'un postulat **quasi mécanique**, si je suggère tel élément alors j'aurais telle conséquence. On nous vend le principe du script comme étant un **ensemble de suggestions qui nous apporte un taux de 'réussite'.** C'est comme dans la mécanique automobile, nous savons que *si nous remplaçons telle pièce par telle autre, nous aurons une performance accrue sur la voiture.* Ce que la mécanique admet facilement c'est que si nous mettons une pièce d'un modèle A sur un modèle B, même si la pièce est connue pour accroître les résultats du modèle A, il y a des chances que cela ne corresponde pas à B. Nous établissons que le processus psychique est donc quasiment mécanique mais plus encore que tous les modèles sont similaires alors, si on a une pièce qui offre des performances accrues, **elle s'intégrera à tous avec les mêmes résultats.**

En posant le script dans cette perspective, vous me direz certainement que **nous devons adapter** les scripts en fonction de l'histoire de chacun, de ce qui a été défini en questiosophie. **Mais alors, à quoi servira dès lors le script ?**

Un des scripts les plus utilisés est celui de l'arrêt du tabac. Il y a de nombreux modèles disponibles et beaucoup de praticiens attendent la mise en **transe pour commencer à lire leur script mot à mot pour que la 'magie' opère.** Certains l'ont un peu adapté en fonction des motivations de départ et se retrouvent avec des scripts à trous, que l'on pourra remplir au fur et à mesure de l'anamnèse.

Pourtant, si l'aide à l'arrêt du tabac est souvent positive avec l'hypnose, elle n'est pas universelle. De plus quand on sait que nombre de praticiens, dans leurs statistiques, considèrent comme une réussite un partenaire qui n'a pas fait de retours négatifs sous 28 jours ou maximum 3 mois, nous pouvons nous interroger sur le réel succès de ces séances en 'prêt à consommer'. *Est-ce que vous considérez comme un confrère, un professionnel, une personne qui sait faire une induction, des approfondissements et lire un script ?* Si c'est le cas, vous devez déjà le savoir mais de nombreux « spécialistes » de l'hypnose ont été formé en moins de 4 jours pour apprendre à induire, deeper et lire... Je suis certain que la majeure partie d'entre vous doivent bondir.

Vous aimez l'hypnose, vous cherchez à avancer, à vous améliorer, et bien **vous méritez bien mieux que de chercher des scripts, vous avez de vraies COMPETENCES !**

Arrêtez d'avoir peur, arrêtez de vous mettre la pression des résultats rapides, du bling-bling des one shot. Les scripts peuvent avoir de **l'intérêt dans la compréhension de la démarche** mise en place en cabinet sur un cas spécifique. Admettons que notre partenaire ait un traumatisme de prendre l'avion.

Il y a ceux qui sont devenus phobiques, comme ce fut le cas d'une hôtesse de l'air qui **suite à un atterrissage complexe** a commencé à avoir des angoisses. D'autres ne seront jamais montés dans un avion mais **les parents d'un proche sont morts dans un crash.** Pensez-vous que nous allons aborder les choses de la même façon ? Est-ce que vous allez chercher les mêmes ressources ? Est-ce que vous pensez que les motivations sont les mêmes ?

De plus, pour ceux qui suivent un peu ma façon de percevoir notre discipline que ce soit **en hypnose fusion ou en hypnosophie**, nous allons travailler sur une dynamique plus symptomatique que thérapeutique. C'est-à-dire que nous allons davantage faire en sorte que le 'mal' disparaisse sans avoir à traiter les patterns dissonants profonds. Un script ne peut en aucun cas **travailler en profondeur**, simplement parce qu'il n'est pas *adapté à l'histoire de vie de notre partenaire mais simplement à l'expression d'un des mal-êtres de ce dernier.*

C'est dans l'histoire que se trouvent les réponses, les clefs et les éléments à mettre en mouvement.

Vous avez pendant vos différentes formations et lectures appris de **nombreuses techniques.** Nous savons que la majeure partie des outils de l'hypnose sont nés de la PnL que ce soit avec des recadrages, des submodalités, des méta programmes ou plus basiquement avec des suggestions directes ou indirectes. Si vous avez bien compris ces différents modèles, **vous pouvez facilement soutenir vos partenaires.** Pour cela vous devez bien mener votre questiosophie ou en fonction de votre façon de faire de l'anamnèse.

Il ne faut pas se leurrer, il va y avoir des résistances, des fuites et autres ballades. Il se peut même que cela vous fasse des nœuds à la tête. Néanmoins, vous vous rendrez compte que **vos scripts ne vous donnent pas plus de résultats positifs.** De plus, vous risquez **d'orienter vos questions et votre recherche sur la problématique** de votre partenaire sans vous en rendre compte. En ayant, une idée prédéfinie de ce que vous allez mettre en place vous n'êtes plus dans l'instant.

Pensez bien, **l'hypnose n'est pas juste un enchaînement de techniques, ni même de ressources, ni de métaphores.** C'est un jeu complexe d'écoute, de questions, de partage et d'orientations subtiles.

Comme je vous le notais précédemment, **j'adhère davantage aux protocoles,** *même si là encore nous risquons de tomber dans la rigidité de certains scripts.*

Cependant nous sommes capables de créer de nouveaux concepts.

Si nous prenons les protocoles *comme des bullets points et mieux encore comme un mode d'emploi*, cela deviendrait possiblement une stratégie. Pour le reste de l'essai, je parlerai de **Processus Stratégique (PS).** Nous allons travailler sur cette idée.

Vous allez pouvoir créer vos PS et au fur et à mesure vous prendrez le temps de comprendre vos stratégies pour les mettre en place en direct dans vos sessions.

2/Les processus stratégiques (PS)

La première chose à prendre en compte dans notre démarche thérapeutique **c'est l'histoire de notre partenaire**. Nous savons que dans notre démarche **d'hypnose fusion ou d'hypnosophie** le partenaire vient au cabinet avec une motivation spécifique. La plupart du temps, *cette motivation est liée à une pathologie et plus précisément à un symptôme qui le poussera à faire une démarche pour se sentir mieux, voire plus précisément, ne plus vivre le symptôme.*

En cherchant un praticien d'hypnose, la plupart des attentes communes sont celles de *rapidement mettre cette problématique de côté et passer à autre chose.* C'est d'ailleurs pour cette raison que les hypnos cherchent des réponses prédéfinies dans les scripts. Il faut performer et encore plus au début de la pratique pour que le bouche à oreille se fasse le mieux possible.

Si nous ne répondons pas aux attentes, très souvent excessives de nos partenaires, nous risquons **de passer pour des incompétents**. De plus, si les techniques que nous avons utilisées ne donnent pas de retours attendus, nous pouvons nous mettre à douter de nos compétences. L'avantage de suivre un script est, dans ce cas de figure, de **ne jamais à avoir à se responsabiliser sur les retours** les moins positifs. En effet, *soit c'est la faute du subconscient du partenaire, soit c'est le script qui n'a pas fonctionné.*

Il est important que vous soyez dans **un état d'esprit responsable** en tant que praticien afin de mettre en place **vos processus stratégique**s. Il est possible que parfois nous ne prenions pas la bonne direction et l'admettre pour s'adapter est un des éléments de base pour avancer.

Nous pouvons donc prendre en compte des éléments clefs lors de nos questionnements :

A/ **Les origines de la problématique.** Vous allez demander **d'où ça vient** selon lui et vous pouvez faire des **régressions à la cause** pour compléter. Que ce soit en **hypnose directe ou indirecte**, en fonction de votre feeling. C'est une phase que nous pourrons toujours réutiliser **pour contextualiser pendant le PS.** Il est utile de jouer sur une time line. Le passé, le présent et le futur pourront donc être mis en place dans quasiment tous les scripts que vous allez créer.

Pourquoi ? Simplement parce que nous offrons **la possibilité à nos suggestions de toucher différentes phases de vie**. Il y a une théorie qui exprime que la temporalité n'existe pas en transe, d'où les distorsions de temps plutôt importantes, néanmoins dans la pratique, la ligne du temps est facilement perçue d'autant plus avec les personnes qui travaillent les sessions en dissociation. Vous aurez donc un « bullet point » que vous pourrez intégrer de multiples façons dans vos séances.

Exemple pour phobie de l'avion :

Tu retournes à ce moment où tu étais encore hôtesse de l'air et tu prends un instant pour ressentir cette tranquillité. Respire profondément et maintenant imagine la 'Toi' de cette période qui va, comme elle l'a fait des milliers de fois, réconforter la 'toi' qui vient de vivre cet atterrissage difficile. Que ressens-tu ? Dans cet instant, vis ces quelques mots avec attention, ressens cette hôtesse qui prend le temps de t'écouter, de te comprendre et de t'apaiser. Que se passerait-il, si elle était là au prochain décollage ?

Pour faire simple, **la ligne du temps** offre un retour sur le traumatisme et nous pouvons y trouver une ressource. Pensez que dans la sémantique de nos partenaires, nous trouvons beaucoup de généralisations, et le mot TOUJOURS est particulièrement présent. Un retour sur les origines, **nous montre souvent un avant**. Et cet avant est une source intéressante à prendre en compte, de plus vous offrez un possible recadrage.

B/ Les ressources. C'est un classique de la démarche hypnotique. Il est utile dans la création de notre PS de bien comprendre ce que notre partenaire **possède déjà** comme ressources, celles de son histoire et celles qui peuvent se développer. Gardez en tête que certaines d'entre elles sont à **l'état de graine,** elles ne sont pas sorties de terre. C'est à nous et à notre partenaire de mettre en place une **agriculture de la ressource.** C'est à vous de bien écouter sa sémantique et la façon dont il décrit son histoire.

Vous allez pouvoir remarquer **les structures psychiques** qu'il emploie. Vous le savez peut-être, mais il y a dans la façon de communiquer de nombreux éléments qui nous offrent la possibilité de voir ce qui pourra être utilisé comme **levier par la suite.** Si vous n'avez pas encore l'habitude du mot, orientez vos questions vers *ce qui a fonctionné dans la vie et si votre partenaire ne vous donne rien, demandez-lui de décrire les moments les plus agréables ou heureux de sa vie.* Bien sûr nous n'allons pas utiliser texto ce qu'il va partager mais cela va pouvoir vous donner une orientation plutôt **intéressante des ressources ou des stimulus positifs qui ont constitué sa vie.** Je vous partage un élément que **Kahler** a développé avec l'analyse transactionnelle et puis avec son système : le **process com.** Pour faire simple il y a des **besoins psychologiques** à nourrir et qui peuvent varier en fonction de votre partenaire (pour plus d'informations achetez un livre de process communication). Cela peut être un élément intéressant à inclure dans votre démarche de découverte des ressources. Je vous propose ces différents besoins comme des outils qui vous permettront de facilement mettre en place des ressources dans le PS que vous constituez.

1/ **Besoin de reconnaissance du Travail :** si nous reprenons Dilts, nous nous trouvons dans une valeur travail, c'est-à-dire que dans l'histoire de vie de votre partenaire vous pouvez utiliser **sa capacité à travailler**, à ne rien lâcher, voire sa constance dans sa démarche positive ou négative comme un levier puissant de mouvement.

Exemple avec un partenaire en phase dépressive :

*Tu as pu mettre en place une stratégie performante pour ne pas changer pendant des semaines et des mois. Tu as cette capacité à être **constant dans ta démarche** pour ne surtout pas changer. Pour cela tu peux te féliciter, n'est-ce pas ? ... Non ? Pour autant tu peux admettre que tu es doué **pour garder le cap**, ne serait-ce que par rapport à ce que tu viens de faire ces derniers mois, non ? Cette qualité est un de tes plus grands trésors, tu es capable de **maintenir une direction** et aujourd'hui tu as décidé, avec ta démarche personnelle, de t'orienter vers une nouvelle voie. Tu as déjà le plus puissant des partenaires avec toi et cela depuis toujours, **ta régularité et ta constance**. Dans les jours, les mois et les années à venir tu vas pouvoir utiliser cette qualité pour t'orienter là où tu le souhaites.*

Dans ce travail je **reprends la ligne du temps**, cette fois comme un élément de constance et donc une possibilité de rester sur les rails un long moment et je l'utilise comme une ressource, une faculté de travail. Cela permet dans le même temps de recadrer différentes croyances, comme celle de n'être capable de rien.

A ce moment-là, **vous donnez de la reconnaissance** sur ce qui peut être un élément important de sa vie. Peut-être même que cela peut être complété dans les sessions qui suivent sur une régression à la cause, afin de déterminer pour quelles raisons sa valeur travail n'a pas été reconnue.

2/ Besoin de reconnaissance dans la structuration du temps : Cette faculté à gérer le temps et à organiser au mieux ses journées.

Vous verrez que paradoxalement *des personnes qui procrastinent sont particulièrement douées pour structurer le temps*, pour éviter de faire les choses nécessaires. Ils peuvent faire de nombreuses choses sans intérêt pour **repousser au plus tard les dead lines**. Cela va stimuler et créer de l'anxiété. Ce défaut peut devenir une fois de plus une ressource dans notre démarche hypnotique. Pensez bien que **les besoins de reconnaissance**, la recherche de stroke est un élément impérieux pour l'humain, le fait que vous-mêmes, en tant que **figure d'autorité,** vous puissiez reconnaître cette compétence, en plus **du transfert que votre partenaire fait sur vous**, c'est un élément important pour le PS.

Pour ceux qui fonctionnent **en hypnose fusion**, vous pouvez aussi vous rendre compte qu'avec ce type de recadrage + ressource, vous améliorez le rapport thérapeutique et transférentiel.

Exemple avec un partenaire en phase de procrastination :

Comment organises-tu, le fait de ne pas faire ce que tu as à faire ? Cela dure depuis longtemps ? Qu'aimes-tu dans le fait de te mettre en retard dans tes plannings ? D'une façon ou d'une autre tu es très organisé pour ne pas faire ce que tu as à mettre en place.

As-tu toujours été aussi bon sur cette façon de faire ?
Quand tu étais petit, tu faisais la même chose ?

Si c'est le cas, nous savons que tu as une ressource à exploiter et plus encore tu peux commencer à organiser la façon dont tu souhaites la mettre en place dans le temps. Cela ne t'apporte-t-il pas plus d'énergie si tu sais que tu fais tes activités dans un laps de temps que tu as décidé. Appelons cela des capsules temporelles. Des moments peut être courts, mais bien définis dans lesquels tu mets en place ce qu'il te faut pour que tout corresponde à ton emploi du temps. Pas besoin de longues étapes, simplement des moments récurrents... comment vis-tu cette idée ? Dans cet exemple dans la phase indirecte, je propose un seeding sur l'action par **la répétition de 'Fait'**. Les questions orientent à la fois sur la time line et comme nous touchons la structuration, il y a **un double lien qui se définit entre la ressource et le temps**. Notre suggestion utilise la ressource nouvelle de capsule temporelle qui est un recadrage de ce qu'il fait déjà naturellement. Comme vous pouvez le constater, il n'y a **rien de complexe** dans la démarche du PS. Nous sommes dans une reprise des éléments de base avec **la time line et les ressources**. Vous pouvez en fonction de votre sensibilité, travailler davantage en directe ou en indirecte, cela ne change pas la structure du processus.

3/ **Besoin de reconnaissance des opinions** : C'est un levier particulièrement important avec les partenaires qui sont plutôt des centres mentaux, ceux qui vous posent plein de questions et qui ont des réponses très logiques et rationnelles pendant les transes que vous leur proposées.

25

Dans la démarche de questiosophie, vous allez facilement voir **les valeurs qui vont être mises en avant**. Autant dans le cas précédent de la valeur travail, nous étions orientés sur un seul élément, dans le cas présent, cela peut prendre diverses formes. Il est souvent *inutile d'utiliser de l'énergie pour un recadrage,* cela pourra simplement **nourrir le manque de reconnaissance de sa façon de penser**. Nous sommes dans un PS qui pour le moment n'est pas orienté dans la provocation (chose que vous pouvez mettre en place en sachant comment 'attaquer' thérapeutiquement sa valeur). Posez de nombreuses questions, vous aurez rapidement **une cartographie de ses valeurs clefs** et puis de ce qu'il pense de sa propre problématique. C'est avec ces éléments que vous allez valider ce qu'il dit et relancer comme un levier vers vos suggestions de base.

Exemple d'un partenaire déconnecté de ses émotions :

Vous pensez que c'est parce que vos parents ne vous ont pas montré de sentiments d'amour que vous n'êtes pas liés à vos émotions, c'est bien ce que vous venez de me dire ? **C'est vrai que c'est souvent le cas**, *il n'y a pas eu une cartographie et un repérage de ce qui peut être représenté comme étant une émotion. Et ça vous fait ressentir quoi de ne pas avoir reçu de l'amour par ceux qui aurait dû vous aimer ? Que ce soit dans votre tête ou dans votre corps, ça vous fait quoi ? Si **vous avez vu juste**, c'est qu'en plus que d'être déconnecté de vos émotions, **vous ne parvenez pas à les repérer alors qu'elles sont présentes**.*

Qu'est-ce que l'enfant que vous avez été ressent de ce manque d'amour dans sa vie ? Imaginez en sachant tout ce que vous savez aujourd'hui, ce qu'il pourrait vous dire de ce qu'il vit.

Dans le cas présent, je reste sur l'idée de **valider ce qu'il pense.** Cela donne déjà *une notion d'accueil et d'attention qu'il n'a peut-être jamais perçues chez ces parents.* En étant reconnu dans sa démarche de pensée, vous avez **une ressource qui se met en place, c'est que sa pensée peut être juste** et donc qu'elle peut, avec la même justesse, s'orienter vers une connexion à ce qu'il ne parvient pas encore à percevoir. **En recadrant, non pas une idée, mais seulement un mot,** nous passons de déconnecter à ne pas reconnaître, ce qui offre à sa valeur mentale qu'il met en avant, un stroke et un accès vers un possible, celui de reconnaître dans *un premier temps mentalement, puis après par le corps et enfin par l'émotion elle-même.*

4/ Besoin de solitude : Nous avons dans le cas présent une ressource qui est particulièrement intéressante autant dans le cadre du cabinet que dans la démarche qui sera possiblement mise en place à côté. Il faut néanmoins pour bien l'exploiter ne pas partir **dans un contre transfert,** c'est-à-dire de bien gérer soi-même la solitude en tant que praticien, pour en voir une véritable clef de mieux être et de mouvement. Reconnaître la solitude, cela peut passer par des phases de long silence en cabinet pour que le partenaire puisse prendre le recul nécessaire sur ce qui vient d'être exprimé ou suggéré.

Dans le cadre de **l'hypnose fusion**, cela peut correspondre aux silences de l'indirecte, en faisant bien attention de ne **pas abandonner** le partenaire.

C'est à nous de savoir **la qualité du silence** que nous mettons en place qui permet une **introspection constructive** ou une divagation qui pourrait se transformer en une fuite possible.

Exemple d'un partenaire en manque de confiance :

Tu peux simplement prendre un moment pour entendre cette voix à l'intérieur de toi qui chuchote quelques mots d'encouragement, mais que peut être tu n'as jamais pris le temps d'écouter. Ton discours intérieur criant tellement fort que tu n'es pas capable, que tu ne peux pas... pourtant si tu prends quelques instants, maintenant tu vas pouvoir commencer à l'entendre, peut-être que ce ne sont que quelques mots. Tu vas juste te donner ce moment, cet instant d'isolement après mon décompte de trois à un. Tu ne seras pas complètement seul, mais plutôt en contact avec toi, avec cette partie de toi qui a toujours brillé. Prends ce temps de recul et découvre-toi, petit à petit comme une retrouvaille.

Dans la démarche hypnotique, nous accompagnons notre partenaire, il n'est donc pas seul. Nous pouvons néanmoins orienter la démarche vers **un isolement personnel durant cette session**. Vous pouvez appuyer sur cette aptitude à se retrouver avec soi-même en y associant une ressource.

5/ Besoin de stimulation : Cette ressource est d'autant plus intéressante que de nombreux partenaires peuvent être dans cette recherche.

Dès lors votre script, si vous souhaitez en créer un, ou votre PS devra **être hyper dynamique.** Vous aurez des partenaires qui dans les sessions pourraient être en attente **de vivre des phénomènes hypnotiques.** Vous vous rendez compte qu'avec ce type de besoin, il est indispensable que vous puissiez faire faire des **expériences basiques,** mais offrant des mouvements utiles pour avancer dans la démarche mise en place. Pour ce faire, je vous invite à utiliser du **TPA ou des catalepsies actives** afin que votre partenaire puisse ressentir et valider ses transes. A cela vous allez orienter par des suggestions développant son imaginaire. Le **principe métaphorique** peut être particulièrement adapté, avec un rythme plus soutenu que nous trouvons dans les écoles Ericksoniennes. D'ailleurs de nombreuses personnes en quête de stimulation **ont des difficultés avec les styles lents.**

Exemple d'un partenaire pour arrêt du tabac :

Tu vas dans quelques instants tendre tes bras, je veux que tu imagines que tu tiens dans ta main droite un paquet de cigarettes qui représente toutes celles que tu as pu fumer pendant ces années. De l'autre côté, ta motivation pour définitivement arrêter. D'un côté tu auras un poids lourd, ces milliers de cigarettes et de l'autre cette énergie puissante et motivante qui t'élève de plus en plus vers cette dynamique d'être non-fumeur.

Respire profondément un air qui va devenir de plus en plus pur pour toi, et laisse aller tes bras en m'exprimant ce que tu ressens à l'intérieur de toi.

L'utilisation du TPA est un moyen pour le partenaire de se **rendre compte que sa démarche** est en train de donner des réactions. Cela va lui permettre d'ancrer la direction qu'il a décidé en lui offrant **du concret**. Cette méthode va d'autant plus lui plaire parce qu'il est **acteur de sa démarche** et donc il peut se gratifier de ce qu'il est en train **de vivre et ressentir**. Il est bien de le faire parler également dans sa démarche cela l'impliquant encore davantage et le stimulant. L'erreur pour ce partenaire serait de le mettre dans un état de transe et de lui lire simplement un texte, puis le faire émerger. Il y a de fortes chances qu'il vous dise qu'il ne s'est rien passé de particulier. Nous sommes dans un partenariat, les deux doivent faire leur part du boulot et en l'occurrence, nous, praticien, devons nous adapter le plus possible.

6/ Besoin de reconnaissance en tant que personne : Vous aurez fréquemment en cabinet des partenaires *qui ne se donnent plus de stroke depuis longtemps* et misent tout sur **les autres pour les nourrir.** C'est le cas de personnes qui se disent particulièrement à l'écoute ou dans l'aide à l'autre. Très souvent, *elles s'oublient dans une démarche de soutien à différentes causes.* Elles donnent tout ce qu'elles ont, leur temps, leur énergie et leur santé pour que les autres soient au mieux. Si la démarche, hors cadre thérapeutique, peut sembler particulièrement bonne, c'est souvent **la seule stratégie** que ces partenaires ont trouvée pour avoir une ressource de reconnaissance de leur être.

Dans le cabinet quand vous êtes en train de mettre en place la séance vous allez pouvoir travailler sur cette reconnaissance.

A l'inverse des reconnaissances de valeurs comme le travail, nous avons besoin de prendre une orientation qui devra se passer plus en finesse. En effet, si vous suggérez simplement que c'est un être positif et plein de ressources positives, vous allez vous confronter **à un déni**, voire une résistance commune masquée **par un égo** n'admettant pas que les actions mises en place sont plus orientées vers son profit personnel que pour le mieux-être réel des autres. Nous pouvons, en tant que figure d'autorité, nourrir ce pattern, mais dans ce cas, nous ne faisons que nourrir cette notion de dépendance aux autres, soit nous mettons en place un recentrage sur ses qualités réelles et pas juste sur ces comportements.

Exemple d'un partenaire qui vient pour mieux aider ses enfants :

*Tu vas pendant quelques instants **mettre de côté** que tu dois être une personne meilleure pour les autres. Un être qui doit être parfait pour les autres. Quand est-ce que tu as donné de la valeur à ce que tu es plus qu'aux autres ? Prends un instant pour te rendre compte que si toi tu ne prends pas attention à toi, ou que tu ne te rends pas compte que tu es la plus importante des personnes, tu ne pourras pas mettre en place tout ce que tu souhaites pour les autres. Quand est-ce qu'une personne a fait attention à toi, autant que toi tu le fais pour les autres ?*

*Prends cet instant pour aller saisir cette énergie qui te fait déplacer des montagnes pour tes enfants, pour l'orienter vers toi. De pouvoir te dire à toi-même **merci**. **La gratitude**, c'est ce que tu laisses aux autres, mais toi pourquoi ne l'es-tu pas avec toi. Prends ce moment et dis-toi : **Merci**.*

La ressource est bien le partenaire lui-même, **le recadrage** est une des priorités à mettre en place dans le PS. Vous avez la possibilité de jouer avec les différentes reconnaissances attendues depuis des années, par les parents par exemple, ou dans le cas que je vous propose par les enfants eux-mêmes. Si les proches n'ont pas pu donner cette reconnaissance, la clef viendra de votre partenaire lui-même.

7/ Besoin de satisfaction sensorielle : Cette ressource est à prendre compte au travers de **l'hypnose dynamique**. C'est-à-dire un travail actif avec des mouvements, des gestes, **des sessions théâtralisées**. Les sens doivent être à la fête et virevolter sur tout ce qu'il est possible de mettre en place. Dans votre PS, vous savez que votre partenaire va pouvoir **mettre en action** les différentes suggestions que vous allez proposer. La transe permettra de développer ce levier et d'ouvrir un possible à notre partenaire. Il est indispensable, comme c'est le cas avec les besoins de stimulation, que la session **soit la plus vivante possible**. Dans ces cas-là, **oubliez complètement les scripts que vous connaissez et l'hypnose en relaxation**. Sinon, il y a de fortes chances que votre partenaire fasse une fuite, certains allant même jusqu'à s'endormir.

Exemple d'un partenaire avec TCA (en surpoids)

*Je vais maintenant te proposer de **te lever et de vivre cette faim** dont tu viens de me parler, celle qui t'impose d'aller prendre quelque chose à manger. Tu vas faire comme si tu étais chez toi et **mimer** ce que tu ferais si tu te retrouvais dans la cuisine.*

*Ouvrirais-tu d'abord les placards ou le réfrigérateur. Prends un instant pour me décrire ce que **tu ressens** dans ton corps, des tensions ? un stress ? une détente ? Dans quelques instants tu auras décidé ce que tu vas prendre, respire profondément et dis-moi si tu prends du salé ou du sucré. Je veux que tu te plonges dans la scène et que tu me dises exactement ce que tu es **en train de faire**. Très bien. Maintenant, on va prendre un instant et revenir un tout petit peu en arrière. Tu es dans ta compulsion, tu as cette 'faim' et je vais te demander de **faire un TPA** : tends ta main et commence à la frotter... (Vous pouvez mettre en place n'importe quelle méthode comme de l'EFT, de l'auto massage, etc).*

Je propose à mon partenaire de **se lever et de mimer**. Cela lui permet de réactiver les ancrages et les patterns qui sont mis en place dans ses compulsions. De plus, je lui donne la possibilité de se reconnecter un maximum à son corps, à ses émotions et à son esprit. La problématique de nombreux patterns, c'est qu'ils sont souvent automatisés et donc rarement sensorialisés. En permettant, au travers des questions et un lieu distancié de les vivre **en 'pleine conscience'**, vous ouvrez une possibilité de voir le pattern, plus que de le vivre.

De plus, vous pouvez donner une clef au travers d'un exercice. *Les envies et les compulsions tiennent moins d'une minute (attention, elles peuvent par contre revenir dans un laps de temps assez long), pendant ce temps-là, votre partenaire peut utiliser un peu de TPA, un mantra, une hyperempiria, de l'EFT ou de la TFT...*

L'important est de permettre à son partenaire d'entrer une **petite rupture de pattern** en utilisant un rapport aux sens. En se focalisant sur la conscience de ce qui va être effectué comme exercice, il y a de fortes chances que la poussée pulsionnelle diminue, voire qu'elle disparaisse.

8/ Besoin de contact : Voilà une ressource qui est particulièrement *utile pour les personnes qui s'isolent et, de part une maladie ou un malaise,* se mettent à distance du monde. Si vous sentez que votre partenaire n'est pas dans une démarche dynamique, vous pouvez pendant la session, *le mettre dans une zone de confort avec les personnes qu'il aime, avec qui il se sent bien.* Le contact est un rapport qui apporte pour certains partenaires de nombreux strokes et donc un véritable mieux être dans le quotidien. Après il vous reste toujours la possibilité de travailler sur la qualité des contacts. Certains patients ont énormément de contacts dans leur quotidien, par leur travail, par leur besoin, mais souvent peuvent **se sentir seuls et incompris.** La possibilité **de travailler sur la qualité plutôt que sur la quantité** pourra facilement être mise en place dans le PS.

Il est également utile de prendre en compte les possibilités **des contacts dissonants.**

Vous pourrez le trouver avec des personnes qui consomment beaucoup de drogue ou d'alcool. D'ailleurs, vous connaissez certainement l'alcoolisme mondain qui se développe entre autre par le fait d'être dans des zones de contacts qui, même s'ils semblent agréables dans un premier temps, demandent **une compensation**, pour donner réellement du bon.

Nous avons dès lors de nombreuses possibilités en fonction de l'histoire du partenaire.

Exemple d'un partenaire alcoolique mondain :

*Imagine-toi pendant une de tes soirées. Peux-tu me dire ce que tu vis dans ces moments ? Es-tu bien ? Es-tu heureux ? Qu'est ce qui te donne le plus de plaisir ? Est-ce que si tu ne bois pas, tu vivras cette soirée avec tes amis de la même façon ? Respire profondément et simplement projette-toi pendant une soirée où tu vois tes amis complètement fracassés. **Toi, tu ne l'es pas**, tu décides de prendre conscience de tes soirées, **toi tu n'as pas bu**. Comment perçois-tu tes amis ? Est-ce que tu as du plaisir ? Respire encore plus profondément, as-tu plaisir de passer du temps avec tes amis quand ils sont complètement déconnectés ? Maintenant prends un instant et qu'aimerais-tu maintenant pour toi ? Qu'aimerais-tu vivre avec tes amis ? Est-ce que tu prends réellement plaisir ou oublies-tu simplement la réalité de l'instant ? Respire profondément et simplement, imagines toi avec tes potes ou des personnes avec qui tu aimes passer du temps.*

*Maintenant, imagine un échange, un moment, voire un repas où **vous prenez plaisir sans boisson**, simplement en vous écoutant, en riant en échangeant. Comment te sens-tu quand tu passes un moment vrai. Un instant dont tu as pleinement conscience. Que choisis-tu comme moment ? Sens toi plus libre de choisir et de vivre pleinement...respire ...*

Dans la démarche que je propose, j'oriente petit à petit vers **une prise de conscience** de ce qui est vécu. Laissez le choix à votre partenaire de **répondre aux questions**.

Puis avec des suggestions de diminuer ou de ne pas boire, je propose la ressource de contact vrai. Un contact qui donne de la qualité qui n'entraîne donc pas de substitutions.

Vous pouvez donc voir que pour mettre en place votre processus stratégique, il y de nombreux éléments que vous pouvez mêler. Pour créer votre protocole vous aurez donc **des éléments standards** que vous retrouverez facilement chez votre partenaire. Autour de ces ressources, vous pourrez, vous-même créer des images et des métaphores, ou simplement des suggestions directes. Vous pourrez rebondir en **observant les retours** de votre partenaire. Surtout ne stressez pas si vous oubliez une ressource, c'est juste un outil dans la session.

C/ Les suggestions. Rien de plus simple que de penser aux suggestions dans notre processus stratégique. Beaucoup de jeunes praticiens se sentent perdus quand un partenaire débarque au cabinet avec une problématique inconnue. Pourtant, qu'importe la formation que vous avez pu avoir, vous avez compris que l'hypnose utilise un outil simple que vous maîtrisez depuis des années, **la suggestion**.

Il est important de sortir d'un moule parfois répressif de ce que doit être une suggestion. Dans une philosophie **d'hypnose fusion,** je vous invite à *ne pas vous imposer un type spécifique de suggestion.* Vous ne vous sentez pas capable de trouver une *métaphore simple ou imbriquée* pour tel ou tel cas et bien n'en faites pas. Vous pouvez rebondir sur une *suggestion directe.*

Une **simple idée** que vous proposez à votre partenaire qui a un lien avec ce qui aura été partagé pendant la séance. Ce qui est passionnant et beaucoup le constatent dans leur travail quotidien, *les partenaires offrent les suggestions qu'ils aimeraient entendre, accepter et intégrer.* C'est à nous d'être à l'écoute et, pendant notre phase de questiosophie, de prendre conscience des ressources qu'il mettra en avant. Pour ceux qui se disent que peut être le faire de façon brute, sans modèle indirect, n'est pas une bonne chose, je répondrais *qu'à partir du moment où votre partenaire est dans sa transe, que peut-être même vous l'avez saturé par vos questions, vos orientations, dans une démarche inductive,* vous savez qu'il y a de fortes chances que la façon dont vous allez proposer vos suggestions n'aura que peu d'importance.

Souvenez-vous que le modèle indirect a une vraie utilité dans **un échange dynamique**, type conversationnel.

Dans le cadre du cabinet, vous savez que vous avez un processus important dans de nombreuses situations, l'induction et ses approfondissements.

Cette dernière que vous la fassiez en instantanée ou en relaxation, va ouvrir une idée **de transe équilibrée**, c'est-à-dire ouverte aux suggestions. Parfois, nous faisons trop compliqué pour gérer des problématiques qui semblent complexes. Pourtant, notre esprit cherche **les réponses les plus simples possibles** parce qu'il est **assez fainéant**. Je reviendrais sur cette facette dans le chapitre suivant.

Je vous propose donc de mettre en place un processus stratégique à chacune de vos sessions.

Vous pouvez même en reprendre certaines que vous avez vécues et dans lesquelles vous vous êtes senti bloqué. A chaque session, vous pouvez donc travailler **sur la ligne du temps**, pensez que vous pouvez facilement demander quand est-ce que la problématique a débuté et quel était l'environnement de cette période. Vous pouvez trouver en quelques questions **des ressources**, vous avez la possibilité de vous référer aux besoins primaires que ce soit Maslow ou, comme je vous l'ai proposé, de Process com. Enfin, il vous suffit, en fonction de l'inspiration et puis de l'expérience, de vous orienter vers quelques **suggestions plus ou moins directes**.

3/ La simplicité

Nous avons tous lu de nombreux ouvrages sur Erickson, sur nombre de praticiens qui se disent hors du commun. Nous avons tous, par instinct, **une envie de modéliser** et une autre de se comparer.

Nos professeurs ont eux aussi développé leur façon de faire et nous Nous avons pris comme des jalons des personnes qui nous ont inspiré dans nos pratiques. Seulement, ce qui pourrait être une chose positive, une stimulation, peut **devenir un frein important** pour la progression du praticien que nous sommes devenus. Pourtant l'hypnose n'est pas un cheminement difficile, s'il s'avère complexe sur certain aspect, voire empli de finesse, *beaucoup de bases sont simples à comprendre et appliquer.*

La modélisation des personnes référentes de la discipline, qui pour beaucoup offrent des explications sur plusieurs plans des suggestions (Rossi est le premier à avoir vu de multiples orientations dans des suggestions et métaphores d'Erickson.) donne l'impression que si nous ne parvenons pas à cette 'technique', nous ne sommes pas de bons praticiens. Souvenez-vous de ce qu'est l'hypnose : **une discipline qui permet la sur-focalisation et l'augmentation de la suggestibilité.** *Cela n'impose en rien des éléments compliqués à mettre en place.*

Qu'avez-vous appris pendant vos séminaires de formation. Des suggestions et des métaphores à proposer à votre partenaire qui se trouve dans une transe. Je ne parle pas de conversationnel, mais d'hypnose **ritualisée avec une induction**, un corps de session, avec des suggestions directes ou indirectes.

Le tout finalisé par un émerge. Dans cette dynamique, prenez un moment pour vous demander ce qui est compliqué. Est-ce que vous avez des difficultés sur les inductions ? Si c'est le cas, vous pouvez aller chercher sur le net ou sur des formations courtes, des alternatives aux inductions que vous mettez en place.

Gardez cependant en tête que *si vous avez posé des questions pertinentes pendant votre questiosophie ou anamnèse, il y a de fortes chances que votre partenaire ait pu s'orienter en focalisation interne, ce qui est un des trois moyens d'entraîner en transe.* Vous avez donc déjà fait votre 'induction' par vos questions. Il ne vous reste plus qu'à faire **des approfondissements**.

Si pour une raison ou une autre, vous êtes dans une session pendant laquelle rien ne vient, que vous ne savez pas comment approfondir votre partenaire, reprenez des basiques.

1. Faites-lui fermer les yeux
2. Faites-lui faire du fractionnement : Ouvrir et fermer les yeux avec une suggestion de relaxation ou de connexion
3. Proposez-lui une descente en escalier de 10 à 1

4. Eventuellement un approfondissement physique avec une pression sur les épaules

Cela vous prendra moins de trois minutes et vous allez pouvoir continuer votre session de façon fluide. **Aucune difficulté là-dedans.**

Je sors d'une formation pendant laquelle un apprenant m'expliquait qu'il aimait **le côté poétique de l'indirect**. Effectivement, pour une stimulation intellectuelle du praticien, c'est vraiment amusant et agréable que de faire de belles histoires confusionnantes. Seulement, tout le monde n'en est pas capable et c'est pour cette raison que l'attachement aux scripts est tellement fort.

N'ayez crainte, même sans une imagination et une diction de poète, vous êtes capable de pratiquer les bases. **Orientez-vous vers la simplicité,** c'est un point clef en hypnose fusion.

Dans le cas où vous ne savez pas quoi faire avec le cas qui est avec vous en cabinet, là encore, ne cherchez pas à vous mettre des boulets aux pieds. Continuez sur ce qui est le plus simple à faire : **des suggestions directes**. Il arrive souvent que lorsque l'on pratique beaucoup l'indirect, nous nous sommes enfermés dans une croyance, qui donne l'idée que les suggestions directes n'ont que peu d'impact parce que le conscient de notre partenaire pourrait les rejeter. Cependant, si nous mettons ce dernier dans une transe avec une induction formelle, c'est que par essence nous cherchons une transe équilibrée.

La définition de la transe est un dialogue entre le conscient et le subconscient, c'est-à-dire que le facteur critique est diminué mais pas la logique et l'analytique. La transe est donc l'élément qui permet qu'une suggestion, qu'elle soit directe ou indirecte, soit plus facilement intégrée. Dans un cadre ritualisé donc, il n'y a pas d'élément qui empêche le bon fonctionnement de la suggestion directe alors profitez-en. Ce serait différent si nous cherchions un travail en conversationnel.

Néanmoins, avant de vous plonger dans cette facette de l'hypnose, je vous invite dans un premier temps à bien **maîtriser les bases de notre discipline**. La création de suggestions directes se décompose de la façon suivante : **Idée clef + Orientation positive + Notion de progression.**

Nous connaissons pour la plupart d'entre nous la méthode d'auto-suggestion qui a été proposée par **Emile Coué**. Même si ce dernier a pris ses lettres de noblesse outre atlantique, nous pouvons le prendre comme **une référence** dans la création de suggestions. Il proposait la formule suivante : **Tous les jours, de tout point de vue, je vais de mieux en mieux.** Vous pouvez y voir, l'idée clef et l'orientation positive >> aller mieux, que vous adapterez en fonction de votre partenaire et avec la notion de progression tous les jours et de mieux en mieux.

Vous pouvez donc facilement prendre cette suggestion dans toutes les sessions que vous mettez en place, en vous adaptant à la problématique de votre partenaire.

Cela vous évitera d'être pris au dépourvu avec votre partenaire, d'autant plus si en questiosophie, vous avez pu découvrir une ou deux ressources.

Il n'y a pas besoin non plus de passer des sessions ritualisées entières à inventer sans cesse de nouvelles suggestions ou métaphores. Qu'importe le style que vous avez étudié, vous connaissez **le seeding**. Ce que certains nomment le saupoudrage. Cette technique qui consiste à régulièrement répéter la suggestion, pour qu'elle soit plus facilement assimilée. *Je vous invite à la répéter quelques fois à la suite et puis de la faire répéter à votre partenaire.* **C'est une façon de faire impliquante.** Votre client va pouvoir lui-même **se donner ses suggestions.** Cela lui permet de devenir **plus responsable de sa thérapie** et lui permettra de voir si cette suggestion lui convient réellement. Comme je vous l'ai conseillé, n'hésitez pas à **faire parler votre partenaire** en Hypnose Fusion.

Vous pouvez garder en tête une philosophie que nous utilisons beaucoup en fusion : **plus le cas semble complexe, plus vous devez faire simple.** Pourquoi me direz-vous ? Simplement parce que la plupart du temps votre partenaire a déjà raconté son histoire à des tas de praticiens, parfois dans de nombreuses disciplines différentes. Il a vécu des tas de protocoles différents. La plupart du temps, il n'a pas **simplement vécu l'exploitation d'une transe avec des suggestions** qui lui correspondent, amoindri des projections et autres croyances des spécialistes.

Souvenons-nous que *l'hypnose est une discipline qui offre un état spécifique et une possibilité de donner écho à des suggestions grâce une suggestibilité accrue.*

4/ Bousculons nos croyances et rappelons ce qu'est vraiment une thérapie brève.

Il est utile de savoir que nous pratiquons, pour offrir dans un premier temps, **une démarche cohérente** à nos partenaires. Vous savez qu'avec les années de pratique *vous allez faire évoluer votre système, vos techniques, votre positionnement et vos croyances sur votre pratique.* Si vous lisez cet essai, c'est que pour le moment vous cherchez à **poser quelques jalons** dans votre pratique au quotidien. Je ne suis plus un praticien de thérapie brève et mon hypnose est orientée **thérapie durable**. Néanmoins, comme vous, ma pratique est issue de courants divers comme la Pnl, l'Elmanien et l'Ericksonien.

Dans **la philosophie d'une hypnose fusion**, il est indispensable de voir notre discipline de la façon la plus ouverte possible. Le terme de thérapie brève nous le devons au **MRI** et plus spécifiquement au premier ouvrage de **James Haley** (La stratégie de la psychothérapie). Il est utile de reprendre quelques points qu'il a posés à cette époque et qui sont aujourd'hui **la colonne vertébrale de l'hypnose** comme elle est pratiquée par la grande majorité des praticiens. Pour vous, cela vous permettra également de garder ces orientations en tête, pour que vous puissiez avoir des éléments clefs sur lesquels vous allez pouvoir revenir qu'importe la tournure de la session.

A- Le praticien de thérapie brève et donc d'hypnose travaille dans **le présent**.

L'orientation que vous prenez dans vos sessions, *n'est pas de connaître l'histoire mais les conséquences de cette dernière sur les comportements du quotidien.*

Pour bien poser vos bases, pensez que ce qui a fait le mal peut, dans la 'politique thérapie brève', être occulté pour **s'orienter vers des solutions** qui seront proposées par le praticien. Prenez un moment pour bien comprendre que l'hypnose est **un système en posture haute**. Il est vrai que les formations reviennent sur l'alliance thérapeutique avec la posture basse développée par Rogers, seulement, cette posture est à l'encontre de **la notion solutionniste** d'une facette de l'hypnose.

La création de vos suggestions ou métaphores, même si cela reprend en grande partie ce qui a été proposé par le partenaire, n'est qu'une **réinterprétation des dits**. De plus, l'objectif est d'utiliser ce qui a été offert comme ressources pour les combiner de façon à ce que le symptôme et le comportement puissent changer.

L'idée la plus importante dans la posture est de se rendre compte que **nous pouvons facilement être dans la projection et qu'elle doit être perçue** pour que les solutions proposées ne soient pas qu'une croyance du praticien mais bel et bien, le travail en commun partenaire / hypno.

Vous allez donc sans cesse ramener votre partenaire sur **les comportements et les patterns du présent**. Cela vous donne un moyen simple de ne pas vous laisser embarquer dans des fuites ou des évitements, au travers de l'historique.

Quand je vous conseille en début d'ouvrage de voir l'origine de sa problématique, pensez dans votre PS, que c'est *un ensemble d'informations qui vous offriront une observation plus juste des dissonances engendrées.*

B- Un autre point que Haley souligne, c'est de **correctement définir un objectif de session**. Si vous vous sentez perdu dans la direction à prendre, passez un peu de temps à **bien définir** le symptôme/comportement que votre partenaire vient travailler. Même si c'est une formule non spécifique, vous pouvez l'orienter vers **plus de détails**, afin que, autant pour vous que pour lui, les éléments soient clairs. Ne partez pas dans votre ritualisé si ce n'est pas précis. Le fait de passer un moment sur l'objectif et de recadrer, peut **changer la motivation initiale** avec laquelle le client est venu au cabinet. C'est normal, une fois défrichées, les croyances et la perception des choses ne sont plus les mêmes. Je vous rappelle rapidement une méthode de définition d'objectif : le PREM.

1/ Précis : La plupart de nos partenaires viennent avec des idées qui leur semblent précises mais qui entraînent de nombreux : *'je ne sais pas'.* Vous allez devoir vraiment **revenir sur la sémantique et les concepts** qu'ils mettent derrière.

47

N'hésitez pas à faire définir les mots pour que vous puissiez vraiment comprendre ce qu'ils cherchent. Des expressions comme 'être bien', 'être heureux', 'partir de ...', 'déménager', risquent de ne pas vous permettre de bien comprendre les besoins (chapitre 2), ni même de trouver des ressources qui vous serviront pour votre PS.

Exemple : « Je veux être heureux »

Vous découvrirez que c'est un grand classique que nous retrouvons régulièrement en cabinet.

Q- Peux-tu me définir ce que c'est être heureux ?

R- Je ne sais pas, j'ai l'impression que les gens que je rencontre, eux, ils ne se prennent pas la tête, ils s'amusent, passent du bon temps, sans se stresser de ce qui va arriver.

Q- Qu'est ce qui te fait croire qu'ils sont heureux ? Et dans un second temps, définis-moi avec tes mots ce que c'est 'heureux'. (Recherche de ressources).

R- Ils ont l'air bien... Ils rient tout le temps et s'amusent ...

Q- Être heureux c'est sourire et s'amuser pour toi ?

R- Non, mais moins se prendre la tête...

Q- C'est quoi se prendre la tête pour toi ?

R- Quand tout me saoule, quand j'ai des pensées négatives et que je suis de sale humeur.

Q- Tu veux plutôt avoir des pensées positives et avoir une humeur 'stable' ?

R- ça ressemble à ça …

Q- Précisons un peu plus…

Vous pouvez voir que juste ce premier élément peut prendre un bon moment avec vos partenaires.

Pensez bien qu'ils sont souvent en attente excessive et peuvent avoir l'impression que rien n'a d'importance.

Ils ne voient du processus que ce que l'hypnose de scène offre et donc l'induction magique et les suggestions qui permettent de les changer du tout au tout.

2/ Réaliste : il est toujours préférable de faire des sous objectifs plutôt que des objectifs trop élevés qui n'apportent parfois que déception et frustration. Vous savez que si une personne est en surpoids et qu'elle souhaite perdre 15 kg en deux mois, il y a de fortes chances que ça ne fonctionne pas, même parfois pire, que ça fonctionne et qu'elle reprenne tout en quelques semaines après. Nous parlons régulièrement de **croyances limitantes**, pour exprimer l'idée que nous ne pouvons aller que là où nos croyances sont capables d'aller, ce qui est donc une limite aux changements. *Cette notion peut être limitante* par elle-même, **si nous ne posons pas de réalité et des actes aux croyances**, nous resterons dans des croyances sans limites hypothétiques contre les faits plus limités mais plus pragmatiques. C'est à vous en tant que praticien de bien diriger (phase de lead) votre session pour que votre partenaire puisse parfois revoir à la baisse, en tout cas sur les premières sessions, ses objectifs et qu'il puisse éviter les attentes excessives.

3/ Ecologique : C'est une notion importante dans un premier temps, particulièrement avec le système dans lequel évoluent nos partenaires.

Si par exemple, notre partenaire souhaite être capable de dire ce qu'il pense à chaque fois qu'il est dans un conflit, sans dire continuellement oui et poser ses opinions, cela pourrait devenir compliqué s'il est diplomate, acteur de la vie sociale, voire salarié sous pression avec son responsable.

Imaginez, qu'un changement de comportements pourrait *entraîner des complications autres dans sa vie quotidienne*. Le conjoint qui, habitué de la 'passivité' de sa femme, se retrouve face à un pitbull, ce n'est pas dit que le couple puisse tenir, ou que le partenaire valide la qualité de son changement. Nous devons donc **déterminer ce qui est le plus écologique** pour la personne, en prenant en compte les répercussions sur le monde dans lequel elle évolue. Là encore, la projection sur le self idéal pourrait un peu grincer.

4/ Mesurable : Un élément qui prend toute son importance dans l'hypnose version thérapie brève. Il y a un 'devoir' de modification de comportement ou de symptôme. Le partenaire doit pouvoir le percevoir.

D'ailleurs, c'est aussi un stimulant pour lui pour s'impliquer dans sa thérapie. *Tout objectif qui ne permet pas d'être vérifié concrètement, est à proscrire.*

C- Je viens de le souligner avec le dernier point de l'objectif, en thérapie brève, la motivation et **la démarche active du partenaire sont une nécessité.** C'est un prérequis.

D'ailleurs, nous savons qu'Erickson pouvait pousser ses partenaires dans leurs retranchements pour qu'ils trouvent leur **motivation profonde** et leur envie de changer. Si vous avez un partenaire qui vient au cabinet pour vous donner plein pouvoir et si sa motivation de base est de changer par tous les moyens (extérieurs), vous avez la possibilité de faire **un grand travail de recadrage.** Cela vous offre la possibilité de voir si réellement il est dans sa propre dynamique d'action ou s'il souhaite juste être un élément d'une dynamique qui a été mise en place par un système (parents, famille, corps médical).

D- Une fois que vous avez *bien recadré cette notion et que vous avez un objectif qui reste cohérent,* **vous êtes le patron.** En thérapie brève, le praticien à **un rôle actif**, dès le début de la session, vous devez *être orienté dans une démarche de solution.* Même si vous n'avez que peu d'informations, vous êtes déjà en train de mettre en place **une démarche pour réduire ou influencer le symptôme ou le pattern dissonant du partenaire.** C'est à ce moment-là que vous pouvez *faire des ruptures de patterns, des suggestions directes ou indirectes, voire de l'hypnose dynamique avec des respirations,* des mouvements etc.

Comme je l'ai déjà partagé un peu plus haut, le praticien de thérapie brève et donc une des facettes possibles de notre discipline est de **mener le jeu** avec votre responsabilité de professionnel de l'aide à la personne. Cela peut sembler contradictoire avec ce que l'on vous a expliqué durant vos cours, c'est pour cette raison que *je vous donne ce cadre bien spécifique proposé par Haley, Bateson et le MRI.*

En gardant, cet aspect à l'esprit vous pouvez *reconsidérer certaines postures et orientations qui pouvaient vous sembler tabou, voire restrictives,* dans votre pratique de jeune praticien qui souhaite suivre au mieux les 'règles' édictées pendant les formations. Pensez à **rester souple** avec vous-même. Cette notion de 'devoir' trouver une solution, donne une autre façon de voir l'hypnose. En effet, nous repassons **sur une orientation 'résultats' et plus seulement une orientation 'moyens'**. *L'objectif de cet ouvrage est de vous aider dans votre pratique et il est souvent intéressant de pouvoir changer de paradigme quand on se sent 'bloqué'.* Vous êtes spécialisé en hypnose indirecte, reprenez bien conscience de ce qu'Erickson aimait à proposer dans ses métaphores. Il y mettait **ce que LUI estimait comme étant juste** pour son partenaire. Il prenait son rôle d'aidant comme essentiel, le mix entre intension/motivation réelle du client et solutions proposées, offrent des résultats sur les symptômes et les comportements qui sont souvent bluffants.

N'ayez pas 'honte' de mettre parfois le côté permissif de l'hypnose indirecte de côté et (attention je vais dire un gros mot) imposer des solutions. Bien sûr en accord avec votre partenaire, avec des sémantiques qui lui conviennent.

E- Le thérapeute bref que vous pouvez chercher à devenir, cherche **avant tout un changement de comportement et surtout pas une prise de conscience.** Cette facette, je l'ai pour ma part complètement occultée, néanmoins, *lorsqu'on débute sa pratique, il est certainement plus intéressant de rester sur ce postulat.*

En effet, dans un premier temps quand nous commençons, nous sommes des techniciens.

Qu'importe le titre que l'on vous a proposé pendant vos formations, dans un premier temps nous cherchons à utiliser **la technique qui sera la plus adaptée** pour obtenir un changement de comportement ou la disparition d'un symptôme. Pour plusieurs raisons, pour notre partenaire qui est en souffrance **et plus encore pour nous qui avons besoin de savoir si « l'hypnose » fonctionne.**

Nous devons utiliser chaque technique pour découvrir ce qui se cache derrière chacune d'elle et, plus que la comprendre, la ressentir, la faire nôtre. C'est pour cette raison **que nous restons pendant quelques années des 'mécaniciens'** de l'hypnose, c'est aussi un moment qui nous permet de développer une culture psychologique.

Même si vous restez un thérapeute bref, vous aurez toujours avantage à *prendre conscience de ce qui existe dans d'autres disciplines*. Vous ferez dès lors évoluer votre façon de pratiquer l'hypnose.

Pour revenir vers l'idée de Haley, nous sommes dans **une optique de résultat** comme je vous l'ai proposé dans le point précédent. Il est possible, si vous vous sentez perdu avec le thème de votre partenaire, **de mettre de côté l'anamnèse ou la questiosophie et simplement vous axer sur l'objectif puis le travail de suggestions.** Quand dans le chapitre précédent, je vous exprimais l'idée de faire simple, cette notion est importante à garder en tête pendant vos démarches. Vous pouvez vous demander quel type de suggestions donner, sachant que c'est un sujet que vous pouvez ne pas maîtriser.

Vous apprendrez que vous ne maitrisez jamais aucun sujet. *Toutefois, si vous avez bien défini l'objectif et découvert ses besoins, vous aurez des ressources clefs. Il suffira de les utiliser en direct ou en indirect.*

Souvenez-vous que **ce n'est pas le temps que votre partenaire va passer en transe ritualisée qui offrira une bonne ou mauvaise session.** Quelques minutes suffisent aisément pour obtenir des résultats et vous l'avez certainement déjà vu, comme, par exemple, un recadrage de perception sur une phobie qui **en moins de 5 minutes** peut changer complètement le comportement vis-à-vis de l'élément traumatisant.

Apprendre et comprendre ces quelques éléments clefs (il y en a d'autres, n'hésitez pas à lire les auteurs de Palo Alto), vous permettra de simplifier certaines structures que vous avez pu assimiler comme étant l'attitude juste du praticien. *Il n'y a pas de forme meilleure qu'une autre, tout va dépendre du cadre que vous allez décider de prendre pour votre pratique.* Chacun aura sa façon de faire et de voir notre discipline.

5/ Et si vous voulez vraiment utiliser des scripts.

Si pour le moment vous êtes encore dans la démarche d'utiliser des scripts pour vous rassurer ou pour réussir vos sessions, **prenez-les pour les analyser**. Vous avez bien compris que si vous définissez précisément les objectifs, aucun script ne pourra vous donner les clefs nécessaires pour le cas que vous aurez à ce moment-là. Dans les scripts vous allez avoir la partie ritualisée. Si vous faites une anamnèse ou de la questiosophie, il va falloir que vous appreniez à poser les bonnes questions pour obtenir les bonnes réponses.

A/ L'induction : dans de nombreux scripts, l'auteur vous propose une induction pour orienter votre partenaire en transe. Pensez qu'une induction, quel qu'elle soit et qu'importe le style, dure rarement plus d'une minute. Peut-être que certains d'entre vous peuvent être étonnés de ce que j'avance. *Pourtant pour faire simple, le principe inductif est le contournement du facteur critique/jugement. Pour le moment je ne vois que trois façons d'induire* :

- Focalisation interne
- Confusion/Saturation
- Rupture de pattern

Je ne vais pas vous faire un cours dans cet ouvrage, si vous êtes intéressés par le sujet, vous trouverez de nombreuses explications en détail ici : https://apprendre-hypnose.org/03-apprendre-lhypnose-et-les-inductions-rapides-instantanees/

Peut-être pensez-vous qu'il vous faut *une dizaine de minutes pour entraîner votre partenaire en transe*, seulement à partir du moment où vous faites imaginer un lieu ou un espace (focalisation interne) votre partenaire part en transe. Tout le temps qui suit représente **des approfondissements.** Vous pouvez très facilement remplacer les saturations (qui deviennent un approfondissement à ce moment-là), par des étapes simples et parfois plus directes comme un décompte ou un lâcher de main. **Ne passez pas trop de temps sur votre induction, concentrez-vous à bien comprendre l'impact de vos approfondissements sur vos partenaires**. Et vous verrez que vous connaissez déjà des inductions rapides en hypnose indirecte.

B/ Les métaphores ou les suggestions : Cette partie peut être analysée assez facilement.

1/ L'auteur utilise-t-il une technique connue : techniques de Pnl, d'hypnose directe, d'hypnose indirecte, de sophrologie, de yoga …

2/ S'il n'en utilise pas mais fait simplement des métaphores et des suggestions directes/indirectes : en quoi sont-elles pertinentes ? Est-ce qu'elles permettent un recadrage ?

Est-ce qu'elles répondent à des croyances de l'auteur ? Est-ce un principe ou un concept auquel vous adhérez ? Auquel votre partenaire peut adhérer ?

3/ Comprendre la technique utilisée : est-elle pertinente ? Quel est le retour attendu ? D'où vient-elle et existe-il des variantes ?

4/ Sur les éléments classiques :

- Quel est le but de la saturation proposée : Induction ? Approfondissement ? Commande insérée ? Cause à effet ?
- Quel est l'objectif de la métaphore simple : Approfondissement ? Saturation ? Utilisation de Ressources ? Orientation solution ? Nourrir une croyance ? Recadrer ?
- Quel est l'objectif de la métaphore imbriquée : Confusion ? Déstructuration temporelle ? Utilisation de ressources ? Suggestion clef ?
- Quel est l'utilisation du seeding : Pour valider la ressource ? Pour appuyer la croyance de l'auteur ? Dans un objectif solutionniste ?

Prenez un vrai moment pour **découvrir l'utilisation d'un élément** plutôt qu'un autre. Certains auteurs expliquent que tout ce qu'ils ont scripté doit être proposé tel quel, au mot près, parce que même la sémantique a été étudiée avec des doubles ou des triples sens...

Souvenez-vous que si dans un premier temps nous sommes capables de partager une sémantique commune avec notre partenaire, de bien comprendre ce qu'il exprime au travers d'un mot, il n'y aura pas à utiliser un autre mot qui jouerait avec le langage des oiseaux par exemple, alors que le sens que, lui, met dans un verbe par exemple a déjà **un impact puissant pour lui.**

Une fois que vous avez complètement décomposé le script, mettez en place **la stratégie qui vous semble, pour vous, la plus cohérente,** en fonction de vos apprentissages, de votre façon de travailler.

Prenez ces textes comme **des inspirations** et surtout pas comme des clefs ou des solutions.

6/ Conclusion

J'ai cherché dans cet essai à vous donner quelques *clefs supplémentaires à votre démarche d'apprentissage* et surtout votre pratique. Quand nous commençons, il arrive régulièrement que nous ne sachions pas où aller, quoi faire. En plus, le marketing hypnose a vendu une liste de problématiques que nous devrions pouvoir traiter comme phobies, poids, tabacs, TCA, etc. Alors en fonction des enseignements, nous sommes soit dans un vrai flou avec des méthodes que nous ne savons pas mettre en pratique, soit avec des scripts proposés, soit enfin avec des protocoles qui pourront donner des processus à prendre en compte.

En vous proposant des points clefs comme **la simplicité, la prise en compte des besoins ou encore la façon de fonctionner des thérapeutes brefs**. Je vous invite à **prendre un peu de distance** avec ce que vous avez appris, non pas comme une critique mais plutôt comme un moment pour respirer, pour vous laisser de l'oxygène. A force de vouloir trop bien faire, il arrive souvent que nous nous figions, nous pouvons douter de ce que nous avons étudié, sur nos capacités. Pensez que **l'enseignement nous propose des bases**, mais si ces dernières deviennent trop rigides, à nous d'être capables de changer notre angle de perception. En hypnose fusion, je souhaite que *chaque praticien puisse lier les différentes écoles et méthodes pour limiter ces moments de blocages.*

Quand vous vous retrouverez sur des cas que vous ne connaissez pas, des pathos que vous n'avez jamais traités, vous avez deux possibilités faciles à mettre en place, soit vous mettre en mode thérapie brève et travailler sur objectifs / motivation du partenaire / recherche de solutions diverses, soit poser un maximum de questions pour obtenir des clefs et des ressources qui vous permettront de prendre une optique parfois plus directe ou des métaphores simples, conforment aux besoins de votre client.

En fonction de vos retours et demandes, je ferais peut-être un autre essai sur ce sujet, afin de permettre aux futures générations de se sentir plus en phase dans le début de leur pratique. Faites-vous confiance, analysez ce qui existe, faites vos expériences et créez votre façon de faire de l'hypnose.

Prenez soin de vous.

Be One

Pank (Avril 2017)

Qui est HnO Hypnose ?

HnO Hypnose est une association de pratiquants et de praticiens en Hypnose à tendance Elmanienne, Hypnosophie, Hypnose Fusion et Thérapies Durables.

Notre but est de rechercher, développer, pratiquer et diffuser sur ces sujets.
 Pour ce faire, nous utilisons plusieurs leviers : des formations, des cabinets ouverts, de l'Hypnose Urbaine, des livres, des audios, des live Facebook, des Podcasts...

Nous organisons des formations en Hypnose Classique Curative, Hypnosophie et Psycho-Pratique Intégrative ainsi que des ateliers en thérapie durable.
 L'Hypnosophie est une discipline de synthèse et intégrative. L'hypnose est un vaste monde avec des écoles, des styles et des tendances.

Plus qu'un style, nous souhaitons intégrer, sur les bases communes de l'hypnose, une ouverture globale.
Nous organisons des cabinets ouverts, dans le but de faire découvrir l'aspect curatif au plus grand nombre.
Toutes les semaines nous organisons des sorties Hypnose Urbaine ou des Hypno-papotages.

Nous y invitons des praticiens mais aussi des amateurs.
Le but étant de faire connaître, dans un autre contexte que le soin, ce qu'est l'Hypnose.

Cette expérience humaine est extraordinaire. Nous pouvons dissiper les à priori et faire vivre des expériences agréables aux passants.

Vous pouvez trouver plus d'informations sur ce que nous mettons en place sur : www.hno-hypnose.com

Nous avons mis en place un site de Mp3 d'Hypnose pour faire vivre des micros séances. Vous trouverez des informations sur : www.hno-mp3-hypnose.com

Si vous souhaitez nous rencontrer, échanger, partager, n'hésitez pas à nous contacter :

Mail : hype.ose@gmail.com

YouTube / Twitter / Facebook : Hype-N-Ose

Formations HnO Hypnose

Vous pouvez retrouver de nombreuses formations GRATUITES Online :

Apprendre l'Hypnose et les Concepts de Base :
https://apprendre-hypnose.org/

Apprendre la Programmation Neuro-Linguistique :
http://apprendre-la-pnl.fr/

Apprendre l'Auto Hypnose :
http://www.apprendre-auto-hypnose.fr/

Se Former en Hypnose Spirituelle :
https://formation-hypnose-spirituelle.co/

Apprendre le Magnétisme :
http://www.apprendre-le-magnetisme.fr/

Vous pouvez également retrouver quotidiennement des vidéos sur l'Hypnose/Hypnosophie, le coaching et les psycho-pratiques sur :
https://laboratoire-hypnose.com/

Et apprendre à gérer vos douleurs :
http://hypnose-douleur.jimdo.com/

Vous retrouverez également de nombreuses formations présentielles :

Formation en PsychoPratique Intégrative (PPI) et Hypnosophie :
https://goo.gl/kjwE64

Formation en Hypnose H-Ultra (Hypnose Profonde) :
https://goo.gl/MMUlWB

Formation en Hypnose Panko-Elmanienne :
https://goo.gl/crSyj7

Formation en Hyperempiria :
https://goo.gl/c3xful

Formation en Hypnose Urbaine :
https://goo.gl/SGyVVJ

Toutes les informations sont disponibles sur www.hno-hypnose.com

www.ingramcontent.com/pod-product-compliance
Lightning Source LLC
Chambersburg PA
CBHW070837310526
45788CB00017B/1467